DES SAVVAGES,

OV,

VOYAGE DE SAMVEL CHAMPLAIN, DE BROVAGE, fait en la France nouuelle, l'an mil six cens trois:

CONTENANT

Les mœurs, façon de viure, mariages, guerres, & habitations des Sauuages de Canadas.

De la descouuerte de plus de quatre cens cinquante lieuës dans le païs des Sauuages. Quels peuples y habitent, des animaux qui s'y trouuent, des riuieres, lacs, isles & terres, & quels arbres & fruicts elles produisent.

De la coste d'Arcadie, des terres que l'on y a descouuertes, & de plusieurs mines qui y sont, selon le rapport des Sauuages.

A PARIS,
Chez CLAVDE DE MONSTR'ŒIL, tenant sa boutique en la Cour du Palais, au nom de Iesus.

AVEC PRIVILEGE DV ROY.

Extraict du Priuilege.

PAr Priuilege du Roy donné à Paris le 15. de Nouembre, 1603. signé Brigard. Il est permis au Sieur de Champlain de faire imprimer par tel Imprimeur que bon luy semblera vn liure par luy composé, intitulé, *Des Sauuages, ou, Voyage du Sieur de Champlain, fait en l'an 1603.* & sont faictes deffences à tous Libraires & Imprimeurs de ce Royaume, de n'imprimer, vendre, & distribuer ledit liure, si ce n'est du consentement de celuy qu'il aura nommé & esleu, à peine de cinquante escus d'amende, de confiscation, & de tous despens, ainsi qu'il est plus amplement contenu audit Priuilege.

Ledit Sieur de Champlain, suiuant sondit Priuilege, a esleu & permis à Claude de Monstr'œil, Libraire en l'Vniuersité de Paris, d'imprimer le susdict liure, & luy a cedé & transporté sondit Priuilege, sans que nul autre le puisse imprimer ou faire imprimer, vendre & distribuer, durant le temps de cinq annees, sinon du consentement dudit Monstr'œil, sur les peines contenuës audit Priuilege.

A TRES-NOBLE, HAVT
ET PVISSANT SEIGNEVR,
Messire Charles de Montmo-
rency, Chevalier des Ordres du
Roy, Seigneur d'Ampuille, &
de Meru, Comte de Segódigny,
Vicomte de Meleun, Baron de
Chasteau-neuf, & de Gonnort,
Admiral de France & de Breta-
gne.

MONSEIGNEVR,
*Bien que plusieurs ayēt es-
cript quelque chose du païs
de Canadas, ie n'ay voulu
pourtant m'arrester à leur dire, & ay ex-
pressément esté sur les lieux pour pouuoir
rendre fidelle tesmoignage de la verité, la-*

ã ij

EPISTRE.

quelle vous verrez (s'il vous plaist) au petit discours que ie vous addresse, lequel ie vous supplie d'avoir pour aggreable, & ce faisant, ie prieray Dieu, Monseigneur, pour vostre grandeur & prosperité, & demeureray toute ma vie,

Vostre tres-humble &
obeïssant seruiteur
S. CHAMPLAIN.

LE SIEVR DE LA FRAN-
CHISE AV DISCOVRS DV
Sieur de Champlain.

MVSES si vous chantez vrayment ie
vous conseille,
Que vous louez Champlain, pour e-
stre courageux,
Sans crainte des hasards il a veu tant de lieux,
Que ses relations nous contentent l'oreille:
Il a veu le Perou, Mexicque, & la merueille
Du Vulcan infernal qui vomit tant de feux,
Et les saults Mocosans, qui offencent les yeux
De ceux qui osent veoir leur cheute nompareille:
Il nous promet encor de passer plus auant
Reduire les Gentils & trouuer le Leuant,
Par le Nort, ou le Su, pour aller à la Chine.
C'est cheritablemẽt tout pour l'amour de Dieu,
Fy des lasches poltrons qui ne bougent d'vn lieu,
Leur vie sans mentir me paroist trop Mesquine.

De la Franchise.

TABLE DES CHAPITRES.

BRef discours, où est contenu le voyage depuis Honfleur en Normãdie iusques au port de Tadousac en Canadas. chap.1.folio 1.

Bonne receptiõ faicte aux François par le grand Sagamo des Sauuages de Canada, leurs festins & danses, la guerre qu'ils ont auec les Irocois, la façon & dequoy sont faicts leurs Canots & Cabanes: Auec la description de la poincte de Saincte Mathieu. cha. 2. f. 3.

La resiouissance que font les Sauuages apres qu'ils ont eu victoire sur leurs ennemis, leurs humeurs, endurent la faim, sont malicieux, leur croyance & faulses opinions, parlent aux diables, leurs habits, & comme ils vont sur les neiges, auec la maniere de leur mariage, & de l'enterrement de leurs morts. cha. 3. f. 6.

Riuiere du Saguenay & son origine. cha. 4. f. 12.

Partement de Tadousac pour aller au Sault, la description des isles du Lieure, du Coudre, d'Orleans, & de plusieurs autres isles, & de

TABLE.

noſtre arriuee à Quebec. chap.5.f.13.

De la pointe Saincte Croix, de la riuiere de Batiſcan, des Riuieres, rochers, iſles, terres, arbres, fruicts, vignes, & beaux pays, qui ſont depuis Quebec iuſques aux trois Riuieres. chapitre 6. fol. 15.

Longueur, largeur, & profondeur d'vn lac, & des riuieres qui entrent dedans, des iſles qui y ſont, quelles terres l'on void dans le païs de la riuiere des Irocois, & de la forterefſe des Sauuages qui leur font la guerre. cha. 7. f. 18.

Arriuee au ſault, ſa deſcription, & ce qui s'y void de remarquable, auec le rapport des Sauuages de la fin de la grãde riuiere. cha. 8. f. 20.

Retour du Sault à Tadouſac, auec la confrontation du rapport de pluſieurs Sauuages, touchant la longueur, & commencement de la grande Riuiere de Canadas: Du nombre des ſaults & lacs qu'elle trauerſe. cha. 9. f. 25.

Voyage de Tadouſac en l'Iſle perçee, deſcription de la baye des Moluës, de l'iſle de bonne-auenture, de la baye de Chaleurs, de pluſieurs riuieres, lacs, & pays où ſe trouue pluſieurs ſortes de mines. chap. 10. fol. 27.

Retour de l'Iſle perçee à Tadouſac, auec la deſcription des ances, ports, riuieres, iſles, rochers, ſaults, bayes, & baſſes, qui ſont le long de la coſte du Nort. chap. 11. fol. 31.

TABLE.

Les ceremonies que font les Sauuages deuant que d'aller à la guerre: Des Sauuages Almouchicois, & de leur monstrueuse forme. Discours du sieur de Preuert de sainct Malo, sur la descouuerture de la coste d'Arcadie, quelles mines il y a, & de la bonté & fertilité du pays. *chap.12.fol.33.*

D'vn monstre espouuantable que les Sauuages appellent Gougou, & de nostre bref & heureux retour en France. *chap.13.fol.35.*

FIN.

DES SAVVAGES,
OV
VOYAGE DV SIEVR DE Champlain, faict en l'an 1603.

Bref discours, où est contenu le voyage depuis Honfleur en Normandie, iusques au port de Tadousac en Canadas.

CHAPITRE I.

NOvs partifmes de Honfleur le 15. iour de Mars 1603. Cedit iour nous relafchafmes à la Rade du Haure de Grace, pour n'auoir le vent fauorable. Le Dimanche enfuyuant 16. iour dudict mois, nous mifmes à la voille pour faire noftre route. Le 17. enfuiuant nous eufmes la veuë d'Orgny & Grenefey, qui font des ifles entre la cofte de Normandie & Angleterre. Le 18. dudit mois eufmes la cognoiffance de la

Des Sauuages, ou Voyage

coste de Bretagne. Le 19. nous faisions estat à 7. heures du soir estre le trauers de Ouessans. Le 21. à 17. heures du matin nous rencontrasmes 7. vaisseaux Flamans, qui à nostre iugement venoient des Indes. Le iour de Pasques 30. dudit mois fusmes contrariez d'vne grande tourmente, qui paroissoit estre plustost foudre que vent, qui dura l'espace de dixsept iours: mais non si grande qu'elle auoit fait les deux premiers iours: & durant cedit téps nous eusmes plus de d'eschet que d'auancement. Le 16. iour d'Auril le temps commença à s'adoucir, & la mer plus belle qu'elle n'auoit esté auec contentement d'vn chacun: de façon que continuans nostredite route iusques au 28. iour dudit mois que rencontrasmes vne glace fort haute. Le lendemain nous eusmes congnoissance d'vn banc de glace qui duroit plus de 8. lieuës de long, auec vne infinité d'autres moindres, qui fut l'occasion que nous ne peusmes passer: & à l'estime du Pilote lesdictes glaces estoient à quelque 100. ou 120. lieux de la terre de Canadas, & estions par les 45. degrez $\frac{2}{3}$. & vinsmes trouuer passage par les 44. Le 2. de May nous entrasmes sur le banc à vnze heures

Grande Tourmēte.

Rencontre de plusieurs grādes glaces.

du iour par les 44. degrez. Le 6. dudit mois nous vinſmes ſi proche de terre que nous oyons la mer battre à la coſte : mais nous ne la peuſmes recongnoiſtre pour l'eſpoiſſeur de la brume dont ceſdites coſtes ſont ſujectes, qui fut cauſe que nous nous miſmes à la mer encores quelques lieuës, iuſques au lendemain matin, que nous euſmes cognoiſſance de terre d'vn temps aſſez beau, qui eſtoit le cap de Saincte Marie. Le 12. iour enſuiuant nous fuſmes ſurprins d'vn grād coup de vent qui dura 2. iours. Le 15. dudit mois nous euſmes cognoiſſance des iſles de ſainct Pierre. Le 17. enſuiuant nous rencontraſmes vn banc de glace pres du cap de Raie, qui contenoit ſix lieuës, qui fut occaſion que nous ammenaſmes toute la nuict, pour euiter le danger où nous pouuions courir. Le lendemain nous miſmes à la voille, & euſmes congnoiſſance du Cap de Raie, & iſles de ſainct Paul, & Cap de ſainct Laurēt qui eſt terre ferme à la bande du Su : & dudit Cap de ſainct Laurens iuſques audit Cap de Raie, il y a dixhuict lieuës, qui eſt la largeur de l'entree de la grande baie de Canadas. Cedit iour ſur les dix heures du matin nous rencontraſ-

Cap de S. Marie.

Iſles de S. Pierre.

Cap de Raye.
Iſles de S. Paul.
Cap. de S. Laurens.

A ij

Des Sauuages, ou Voyage

mes vne autre glace qui côtenoit plus de huict lieuës de long. Le 20. dudict mois nous eufmes congnoiffance d'vne ifle qui a quelque 25. ou 30. lieux de long, qui s'appelle Anticofty, qui eft l'entree de la riuiere de Canadas. Le lendemain euf-mes congnoiffance de Gachepé, terre fort haute, & commençafmes à entrer dans ladicte riuiere de Canadas, en rengeant la bande du Su iufques à Mantanne, où il y a dudict Gachepé 65. lieues. Dudict Mantanne, nous vinfmes prendre congnoiffance du Pic, où il y a vingt lieuës, qui eft à ladicte bande du Su; dudict Pic nous trauerfames la riuiere iufques à Tadoufac, où il y a 15. lieuës. Toutes cefdictes terres font fort hautes efleuees, qui font fteriles, n'apportant aucune commodité. Le 24. dudit mois nous vinfmes moüiller l'ancre deuant Tadoufac, & le 26. nous entrafmes dans ledict port, qui eft faict comme vne ance à l'entree de la riuiere du Sagenay, où il y a vn courant d'eau & maree fort eftrãge, pour fa viftefle & profondité, où quelquesfois il vient des vents impetueux à caufe de la froidure qu'ils amenent auec eux. Lon tient que ladicte riuiere a quelque 45. ou

Anticofty.
Gachepé.
Mantâne.
Terres fort hautes & mauuaifes
Port de Tadoufac & fa defcription.

50. lieuës iusques au premier sault, & viēt du costé du Nort norouest: Ledit port de Tadousac est petit, où il ne pourroit que dix ou douze vaisseaux: mais il y a de l'eau assez à Est à l'abry de ladite riuiere de Sagenay le long d'vne petite montagne qui est presque coupee de la mer: le reste se font montagnes hautes esleuees, où il y a peu de terre, sinon rochers & sables remplis de bois de pins, cyprez, sapins, boulles, & quelques manieres d'arbres de peu: il y a vn petit estang proche dudict port renfermé de montaignes couuertes de bois. A l'entree dudict port il y a deux pointes, l'vne du costé de Ouest contenāt vne lieuë en mer, qui s'appelle la pointe de sainct Mathieu, & l'autre du costé de Suest contenant vn quart de lieuë, qui s'appelle la pointe de tous les Diables: les vents du Su & Su-suest & Su-forouest, frapēt dedans ledit port. Mais de la pointe de sainct Mathieu iusques à ladite pointe de tous les Diables, il y a pres d'vne lieuë: l'vne & l'autre pointe asseche de basse mer.

Des Sauuages, ou Voyage

Bonne reception faicte aux François par le grand Sagamo des Sauuages de Canada, leurs festins & danses, la guerre qu'ils ont auec les Irocois, la façon & dequoy sont faicts leurs Canots & Cabanes: Auec la description de la poincte de Sainct Matthieu.

CHAP. II.

LE 27. iour nous fusmes trouuer les sauuuages à la pointe de sainct Mathieu, qui est à vne lieuë de Tadousac, auec les deux Sauuages que mena le sieur du Pont pour faire le rapport de ce qu'ils auoient veu en France, & de la bonne reception que leur auoit fait le Roy. Ayant mis pied à terre nous fusmes à la cabanne de leur grand Sagamo qui s'appelle Anadabijou, où nous le trouuasmes auec quelque 80. ou 100. de ses compagnons qui faisoiët Tabagie (qui veut dire festin) lequel nous reçeut fort bien selon la coustume du pays, & nous fist assoir aupres de luy, & tous les Sauuages arangez les vns aupres des autres des deux costez de ladite cabanne. L'vn des Sauuages que nous

François bien receus par les Sauuages.

auions amené commença à faire sa ha- *Harangue*
rangue, de la bonne reception que leur *de l'vn*
auoit fait le Roy, & le bon traictement *des Sauua-*
qu'ils auoient receu en France, & qu'ils *ges que*
s'asseurassent que sadite Majesté leur vou- *nous auiōs*
loit du bien, & desiroit peupler leur ter- *remenez.*
re, & faire paix auec leurs ennemis (qui
sont les Irocois) ou leur enuoyer des
forces pour les vaincre: en leur comp-
tant aussi les beaux Chasteaux, Palais,
maisons & peuples qu'ils auoient veus,
& nostre façon de viure, il fut entendu a-
uec vn silence si grand qu'il ne se peut
dire de plus. Or apres qu'il eust acheué sa
harangue, ledict grand Sagamo Anadabijou, l'ayant attentiuement ouy, il
commença à prendre du Petum, & en
donner audict sieur du Pont Graué de S.
Malo, & à moy, & à quelques autres Sa-
gamos qui estoient aupres de luy: ayant
bien petunné, il commença à faire sa
harangue à tous, parlant pozement, s'ar-
restant quelque fois vn peu, & puis re-
prenoit sa parolle, en leur disant, Que *Harangue*
veritablement ils deuoient estre fort cō- *du grand*
tens d'auoir sadicte Majesté pour grand *Sagamo.*
amy, ils respondirent tous d'vne voix, *ho*
ho ho, qui est à dire, *ouy ouy.* Luy conti-

nuant toufiours fadicte harangue, dict, Qu'il eftoit fort aifé que fadicte Majefté peuplaft leur terre, & fift la guerre à leurs ennemis, qu'il ny auoit nation au monde a qu'ils vouluffent plus de bien qu'aux François : En fin il leur fit entendre à tous le bien & vtilité qui ils pourroient receuoir de fadicte Majefté : Apres qu'il euft acheué fa harangue, nous fortifmes de fa Cabanne, & eux commencerent à faire leur Tabagie, ou feftin, qu'ils font auec

Feftin des Sauuages. des chairs d'Orignac, qui eft cōme bœuf, d'Ours, de Loumarins & Caftors, qui font les viandes les plus ordinaires qu'ils ont, & du gibier en quantité : ils auoient

Cōme ils font cuire leurs viādes. huict ou dix chaudieres, pleines de viandes, au milieu de ladicte cabanne, & eftoient efloignees lesvnes des autres quelque fix pas, & chacune a fon feu. Ils font affis des deux coftez (comme i'ay dit cydeffus) auec chacun fon efcuelle d'efcorce d'arbre : & lors que la viande eft cuitte il y en a vn qui fait les partages à chacun dans lefdictes efcuëlles, où ils man-

Mangent fort falement. gent fort fallement : car quand ils ont les mains graffes, ils les frotent à leurs cheueux, ou bien au poil de leurs chiens, dōt ils ont quantité pour la chaffe. Premier que

que leur viande fut cuitte, il y en eust vn qui se leua, & print vn chien, & s'en alla sauter autour desdictes chaudieres d'vn bout de la cabanne à l'autre: Estant deuāt le grand Sagamo, il jetta son chien à terre de force, & puis tous d'vne voix ils s'escrierent *ho, ho, ho*: ce qu'ayant faict, s'en alla asseoir à sa place. En mesme instant, vn autre se leua, & feist le semblable, continuant tousiours, iusques à ce que la viande fust cuitte. Or apres auoir acheué leur Tabagie, ils commencerent à dancer, en prenant les testes de leurs ennemis, qui leur pendoient par derriere: En signe de resiouïssance, il y en a vn ou deux qui chātent en accordant leur voix par la mesure de leurs mains qu'ils frappent sur leurs genoux, puis ils s'arrestent quelques-fois, en s'escriant, *ho, ho, ho*, & recommencent à dancer en soufflant comme vn homme qui est hors d'aleine: Ils faisoient ceste resiouïssance pour la victoire par eux obtenuë sur les Irocois, dont ils en auoient tué quelque cent, ausquels ils couperent les testes, qu'ils auoient auec eux pour leur ceremonie. Ils estoient trois nations quand ils furent à la guerre, les Estechemins, Algoumequins, & Montagnes, au

Sauuages dansent autour des chaudieres.

Victoire obtenuë sur les Irocois.

Trois nations de Sauuages, Estechemins, Algoumequins & Montagnes.

B

nombre de mille, qui allerent faire la guerre ausdicts Irocois qu'ils rencontrerent à l'entree de la riuiere desdits Irocois, & en assommerent vne centeine: la guerre qu'ils font, n'est que par surprises, car autrement ils auroient peur, & craignent trop lesdits Irocois, qui sont en plus grand nombre que lesdits Montagnes, Estechemains, & Algoumequins. Le vingt-huictiesme iour dudit mois, ils se vindrēt cabāner audit port de Tadousac, où estoit nostre vaisseau. A la pointe du iour, leurdit grand Sagamo sortit de sa cabāne, allant autour de toutes les autres cabānes, en criant à haute voix, Qu'ils eussent à desloger pour aller à Tadousac, où estoient leurs bons amis: Tout aussi tost vn chacun d'eux deffit sa cabanne, en moins d'vn rien, & ledit grand Capitaine le premier commença à prendre son Canot, & le porter à la mer, où il embarqua sa femme & ses enfans, & quantité de fourreures, & se meirent ainsi pres de deux cents Canots, qui vont estrangemēt: Car encore que nostre Chaloupe fut bien armée, si alloient-ils plus viste que nous. Il n'y a que deux personnes qui trauaillēt à la nage, l'homme & la femme: Leurs

Deslogement des Sauuages de la pointe de S. Math. pour venir à Tadousa voir les François.

Canos ont quelque huict ou neuf pas de long, & large comme d'vn pas, ou pas & demy par le milieu, & vont tousiours en amoindrissant par les deux bouts: ils sont fort subiects à tourner si on ne les sçait bien gouuerner, car ils sont faicts d'escorce d'arbre appellé Bouille, renforcez par le dedans de petits cercles de bois bien & proprement faicts, & sont si legers, qu'vn homme en porte vn aisément, & chacun Cano peut porter la pesanteur d'vne pipe : Quand ils veulent trauerser la terre pour aller à quelque riuiere où ils ont affaire, ils les portent auec eux. Leurs cabannes sont basses, faictes comme des têtes couuertes de ladite escorce d'arbre, & laissent tout le haut descouuert comme d'vn pied, d'où le iour leur vient, & font plusieurs feux droit au milieu de leur cabanne, où ils sont quelques-fos dix mesnages ensēble. Ils couchent sur des peaux les vns parmy les autres, les chiens auec eux. Ils estoient au nombre de mille personnes, tant hommes que femmes & enfans. Le lieu de la pointe de S. Matthieu, où ils estoient premierement cabannez, est assez plaisant, ils estoient au bas d'vn petit costau plein d'arbres de sapins &

Que c'est, & comment sont faicts les Canos des Sauuages.

Cabannes des Sauuages, dequoy, & comment ils sont faictes.

Description de la pointe de S. Matthieu.

Des Sauuages, ou, Voyage

cyprés : A ladicte pointe il y a vne petite place vnie qui descouure de fort loin, & au dessus dudit costau est vne terre vnie, contenant vne lieuë de long, demye de large, couuerte d'arbres, la terre est fort sablōneuse, où il y a de bōs pasturages, tout le reste ce ne sont que montaignes de rochers fort mauuais : la mer bat autour dudit costau qui asseiche pres d'vne grāde demie lieuë de basse eau.

La resiouissance que font les Sauuages apres qu'ils ont eu victoire sur leurs ennemis, leurs humeurs, endurent la faim, sont malicieux, leur croyance & faulses opinions, parlent aux diables, leurs habits, & comme ils vont sur les neiges, auec la maniere de leur mariage, & de l'enterremēt de leurs morts.

CHAP. III.

Resiouissance que les Sauuages firent de la victoire qu'ils auoient obtenuë sur leurs ennemis les Irocois.

LE 9. iour de Iuin les Sauuages commencerent à se resiouir tous ensemble & faire leur Tabagie, comme i'ay dit cy dessus, & danser, pour ladicte victoire qu'ils auoient obtenuë contre leurs ennemis. Or apres auoir fait bonne chere, les Algoumequins vne des trois nations

sortirent de leurs cabanes, & se retirerent
à part dans vne place publique, feirent
arranger toute leurs femmes & filles les
vnes pres des autres, & eux se mirent derriere chantant tous d'vne voix comme
i'ay dit cy deuant : Aussi tost toutes les
femmes & filles commencerent à quitter
leurs robbes de peaux, & se meirent toutes nuës monstrans leur nature, neantmoins parees de Matachia, qui sont patenostres & cordons entre-lassez faicts de
poil de Porc-espic, qu'ils teignent de diuerses coulleurs. Apres auoir acheué
leurs chants, ils dirent tous d'vne voix,
ho ho ho, à mesme instant, toutes les femmes & filles se couuroient de leurs robbes, car elles sont à leurs pieds, & s'arrestent quelque peu : & puis aussi tost re-
commençans à chanter ils laissent aller
leurs robbes comme auparauant : Ils ne
bougent d'vn lieu en dansant, & font
quelques gestes & mouuemens du corps
leuans vn pied, & puis l'autre, en frappāt
contre terre. Or en faisant ceste danse, le
Sagamo des Algoumequins qui s'appelle Besouat, estoit assis deuant lesdictes
femmes & filles, au millieu de deux bastons, où estoient les testes de leurs enne-

B iij

Des Sauuages, ou, Voyage

Sagamo des Algoume-quins.

mis pendues: quelque fois il se leuoit & s'en alloit haranguant & disant aux Montaignes & Estechemains, voyez comme nous nous resiouïssons de la victoire que nous auons obtenüe sur nos ennemis, il faut que vous en faciez autant, affin que nous soyons contens, puis tous ensemble disoient *ho ho ho*. Retourné qu'il fut en sa place, le Grand Sagamo auec tous ses compagnons despouillerent leurs robbes estans tous nuds hors mis leur nature qui est couuerte d'vne petite peau, & prindrent chacun ce que bon leur sembla, comme Matachias, haches, espees, chauderons, graisses, chair d'Orignac, Loup-marin, bref chacun auoit vn present qu'ils allerent donner aux Algoumequins. Apres toutes ces ceremonies la danse cessa, & lesdits Algoumequins hommes & femmes emporterēt leurs presens dās leurs cabannes. Ils firēt encor mettre deux hommes de chacune natiō des plus dispos qu'ils feirent courir, & celuy qui fut le plus viste à la course eut vn present. Tous ces peuples sont tous d'vne humeur assez ioyeuse, ils rient le plus souuent, toutefois ils sont quelque peu Saturniens; Ils parlent fort pozément, com-

Present des Montagnes & Estechemins.

Humeurs des Sauuages.

me se voullans bien faire entendre, & s'arrestent aussi tost en songeant vne grande espace de temps, puis reprennent leur parolle: ils vsent bien souuent de ceste façon de faire parmy leurs harangues au cõseil, où il n'y a que les plus principaux, qui sont les antiens: Les femmes & enfans n'y assistent point. Tous ces peuples patissent tant quelques-fois, qu'ils sont presque contraints de se manger les vns les autres pour les grandes froidures & neiges: car les animaux & gibier dequoy ils viuent se retirent aux pays plus chauts. Ie tiens que qui leur monstreroit à viure & enseigner le labourage des terres, & autres choses, ils l'apprendroient fort bien; car ie vous asseure qu'il s'en trouue assez qui ont bon iugement, & respondent assez bien à propos sur ce que l'on leur pourroit demander: ils ont vne meschanceté en eux, qui est, vser de vengeance & estre grands menteurs, gens en qui il ne fait pas trop bon s'asseurer, sinon qu'auec raison & la force à la main; promettent assez & tiennent peu: Ce sont la plufpart gens qui n'ont point de loy, selon que i'ay peu voir, & m'informer audit grand Sagamo, lequel me dit, Qu'ils

Les Sauuages endurent la faim.

Malice des Sauuages.

Croyance des Sauuages & leur foy.

croyoient veritablement, qu'il y a vn Dieu qui a creé toutes choses. Et lors ie luy dis, Puis qu'ils croyoient à vn seul Dieu, Commēt est-ce qu'il les auoit mis au monde, & d'où ils estoient venus? il me respondit, Apres que Dieu eut fait toutes choses, il print quantité de fleches, & les mit en terre, d'où il sortit hommes & femmes, qui ont multiplié au monde iusques à present, & sont venus de ceste façon. Ie luy respondis que ce qu'il disoit estoit faux: mais que veritablement il y auoit vn seul Dieu, qui auoit creé toutes choses, en la terre, & aux cieux: Voyāt toutes ces choses si parfaites, sans qu'il y eust personne qui gouuernast en ce bas monde, il print du limon de la terre, & en crea Adam nostre premier pere: comme Adam sommeilloit, Dieu print vne cotte dudict Adam, & en forma Eue, qu'il luy donna pour compagnie, & que c'estoit la verité qu'eux & nous estiōs venus de ceste façon, & non de fleches commes ils croyent. Il ne me dit rien, sinon, Qu'il aduoüoit plustost ce que ie luy disois, que ce qu'il me disoit. Ie luy demandis aussi, s'ils ne croyoit point qu'il y eut autre qu'vn seul Dieu? il me dit que leur croyance

du Sieur de Champlain.

croyance estoit, Qu'il y auoit vn Dieu, vn Fils, vne Mere, & le Soleil, qui estoiēt quatre; Neantmoins que Dieu estoit par dessus tous; mais que le Fils estoit bon & le Soleil, à cause du bien qu'ils receuoiēt: Mais la mere ne valloit rien, & les mangeoit, & que le Pere n'estoit pas trop bō. Ie luy remonstray son erreur selō nostre foy, enquoy ils adiousta quelque peu de creance. Ie luy demandis s'ils n'auoient point veu ou ouyr dire à leurs ancestres que Dieu fust venu au monde, il me dit, Qu'il ne l'auoit point veu: mais qu'anciennement il y eust cinq hommes qui s'en allerent vers le Soleil couchant, qui rencontrerent Dieu, qui leur demanda, Où allez vous? ils dirent, Nous allons chercher nostre vie: Dieu leur respondit, Vous la trouuerrez icy. Ils passerent plus outre, sans faire estat de ce que Dieu leur auoit dit, lequel print vne pierre, & en toucha deux, qui furent transmuez en pierre: Et dit derechef aux trois autres, Où allez vous? & ils respondirent comme à la premiere fois, & Dieu leur dit derechef, Ne passez plus outre vous la trouuerrez icy: Et voyant qu'il ne leur venoit rien, ils passerent outre; & Dieu print

Croyent vn Dieu, vn fils, vne mere, & le Soleil.

De cinq hōmes que les Sauuages croyent auoir veu Dieu.

C

deux bastons, & il en toucha les deux premiers, qui furent transmuez en bastons, & le cinquiesme s'arresta, ne voulant passer plus outre : Et Dieu luy demanda de rechef, Où vas-tu? Ie vois chercher ma vie, Demeure, & tu la trouueras : Il demeura sans passer plus outre, & Dieu luy donna de la viande, & en mangea; Apres auoir faict bonne chere, il retourna auec les autres sauuages, & leur racompta tout ce que dessus. Il me dit aussi, Qu'vne autre fois il y auoit vn homme qui auoit quantité de Tabac, (qui est vne herbe dequoy ils prennent la fumee) & que Dieu vint à cest homme, & luy demanda où estoit son petunoir, l'homme print son petunoir, & le donna à Dieu, qui petuna beaucoup; apres auoir bien petuné, Dieu rõpit ledict petunoir en plusieurs pieces, & l'homme luy demanda, Pourquoy as-tu rompu mon petunoir, & tu vois bien que ie n'en ay point d'autre? Et Dieu en print vn qu'il auoit, & le luy donna, luy disant, en voilà vn que ie te donne, porte le à ton grand Sagamo, qu'il le garde, & s'il le garde bien, il ne manquera point de chose quelconque, ny tous ses compagnons : ledit homme print le petunoir,

D'vn autre homme que les Sauuages croyent auoir parlé à Dieu.

qu'il donna à son grand Sagamo, lequel tandis qu'il l'eut, les Sauuages ne manquerent de rien du monde : Mais que du depuis ledit Sagamo auoit perdu ce petunoir, qui est l'occasion de la grande famine qu'ils ont quelques-fois parmy eux. Ie luy demandis s'il croioit tout celà, Il me dit qu'ouy, & que c'estoit verité. Or ie croy que voilà pourquoy ils disent que Dieu n'est pas trop bon. Mais ie luy repliquay & luy dis, Que Dieu estoit tout bon, & que sans doubte c'estoit le diable qui s'estoit monstré à ces hommes là, & que s'ils croioient comme nous en Dieu, ils ne máqueroient de ce qu'ils auroient besoing. Que le Soleil qu'ils voyoient, la Lune & les Estoilles auoient esté crees de ce grand Dieu, qui a faict le ciel & la terre, & n'ont nulle puissance que celle que Dieu leur a donnee, Que nous croyōs en ce grand Dieu, qui par sa bōté nous auoit enuoyé son cher fils, lequel conceu du S. Esprit, print chair humaine dans le ventre virginal de la vierge Marie, ayant esté trente trois ans en terre, faisant vne infinité de miracles, ressuscitant les morts, guerissant les malades, chassant les diables, illuminant les aueugles, enseignant aux

C ij

hõmes la volonté de Dieu son Pere, pour le seruir, honnorer, & adorer, a espandu son sang, & souffert mort & passion pour nous & pour nos pechez, & racheptè le genre humain, estant enseuely est ressuscité, descendu aux enfers, & monté au ciel, où il est assis à la dextre de Dieu son Pere, Que c'estoit la là croyance de tous les Chrestiens, qui croyent, au Pere, au Fils, & au S. Esprit, qui ne sont pourtant trois Dieux, ains vn mesme, & vn seul Dieu, & vne Trinité, en laquelle il n'y a point de plustost ou d'apres, rien de plus grand ne de plus petit. Que la vierge Marie mere du fils de Dieu, & tous les hommes & femmes qui ont vescu en ce mõde, faisant les commãdemens de Dieu, & enduré martyre pour son nom, & qui par la permission de Dieu ont fait des miracles, & sont saincts au ciel en son Paradis, prient tous pour nous ceste grande Majesté diuine, de nous pardonner nos fautes & nos pechez que nous faisons contre sa loy & ses commandemens, Et ainsi par les prieres des saincts au ciel, & par nos prieres que nous faisons à sa diuine Majesté, il nous donne ce que nous auons besoing, & le diable n'a nulle puissance sur nous; & ne nous peut faire de mal, Que s'ils auoient ceste croyãce, qu'ils seroient cõme nous, que le diable ne leur pourroit plus faire de mal, & ne manqueroient de ce qu'ils auroient besoing. Alors ledict Sagamo me dit, qu'il aduoüoit ce que ie disois. Ie luy demandis de quelle ceremonie ils vsoient à prier leur Dieu : Il me dist, Qu'ils n'vsoient point autrement de ceremonies, sinon qu'vn chacun prioit en son cœur cõme il vouloit : Voilà pourquoy ie croy qu'il n'y a aucune loy parmy eux, ne sçauẽt que c'est d'adorer & prier Dieu, & viuent la plus part comme bestes brutes, & croy que promptement ils seroient reduicts bons Chrestiens si l'on habitoit leurs terres, ce qu'ils desireroient la plus part : Ils ont parmy eux quelques Sauuages qu'ils appellent Pilotoua, qui parlent au diable visiblement, & leur dit ce qu'il faut qu'ils facent, tant pour la guerre, que pour autres choses, & que s'il leur commandoit qu'ils allassent mettre en execution quelque entreprise, ou tuër vn François, ou vn autre de leur nation, ils obeiroient aussi tost à son commandement. Aussi ils croient que tous les songes qu'ils font sont veritables, & de fait, il y en a

Quelques Sauuages parlent au diable.

Sauuages croyent fermement aux songes.

Des Sauuages, ou, Voyage

beaucoup qui difent auoir veu & fongé chofes qui aduiennent ou aduiendront: Mais pour en parler auec verité, ce font vifions du Diable, qui les trompe & feduit: Voilà toute la creance que i'ay peu apprendre d'eux qui eft beftiale. Tous ces peuples ce font gens bien proportionnez de leurs corps, fans aucune difformité, ils font difpos, & les femmes bien formees, remplies & potelees de couleur bafanee, pour la quantité de certaine peinture dõt ils fe frotent, qui les fait deuenir olyuaftres. Ils font habillez de peaux, vne partie de leur corps eft couuert & l'autre partie defcouuerte: Mais l'hyuer ils remedient à tout, car ils font habillez de bõnes fourrures, comme d'Orignac, Loutre, Caftors, Ours-marins, Cerfs, & Biches, qu'ils ont en quantité. L'hyuer quand les neiges font grandes, ils font vne maniere de raquette qui eft grande deux ou trois fois comme celles de France, qu'ils attachent à leurs pieds, & vont ainfi dans les neiges fans enfoncer, car autrement ils ne pourroient chaffer ny aller en beaucoup de lieux. Ils ont auffi vne forme de mariage, qui eft, que quand vne fille eft en l'aage de 14. ou 15. ans, elle aura plufieurs ser-

Humeurs des Sauuages.

Habits des Sauuages.

Inuention qu'ils ont pour aller fur les neiges.

Mariage des Sauuages.

niteurs & amys, & aura compagnie auec tous ceux que bon luy semblera, puis au bout de quelque cinq ou six ans, elle prēdra lequel il luy plaira pour son mary, & viuront ainsi ensemble iusques à la fin de leur vie, si ce n'est qu'apres auoir esté quelque tēps ensemble ils n'ont enfans, l'hōme se pourra desmarier & prendre autre femme, disant, que la sienne ne vaut rien, par ainsi les filles sont plus libres que les femmes: Or despuis qu'elles sont mariees, elles sont chastes, & leurs maris sont la plus part ialoux, lesquels donnent des presents au pere ou parens de la fille qu'ils auront espousee. Voilà la ceremonie & façon qu'ils vsent en leurs mariages. Pour ce qui est de leurs enterremens, *Comme ils* quand vn homme ou femme meurt, ils *enterrēt leurs* font vne fosse, où ils mettent tout le bien *morts.* qu'ils auront, comme chaudrons, fourrures, haches, arcs & fleches, robbes, & autres choses, & puis ils mettent le corps dedans la fosse, & le couurent de terre où ils mettent quantité de grosses pieces de bois dessus, & vn bois debout qu'ils peignent de rouge par le haut. Ils croyent *Sauuages* l'immortalité des ames, & disent qu'ils *croyent l'immortalité.*

Des Sauuages, ou, Voyage
vont se resioüir en d'autres pays auec leurs
parens & amis quand ils sont morts.

Riuiere du Saguenay & son origine.

CHAP. IIII.

Partement de Tadousac pour aller au Saguenay.

LE 11. iour de Iuin ie fus à quelque douze ou quinze lieuës dans le Saguenay, qui est vne belle riuiere, & a vne profondeur incroyable, car ie croy, selon que i'ay entendu deuiser d'où elle procede, que c'est d'vn lieu fort haut, d'où il descẽd vn torent d'eau d'vne grande impetuosité ;

Torrẽt d'eau.

mais l'eau qui en procede n'est point capable de faire vn tel fleuue comme cestuy-là, qui neantmoins ne tient que depuis cedict torrẽt d'eau, où est le premier sault, iusques au port de Tadousac, qui est l'entree de ladicte riuiere du Saguenay, où il y a quelque 45. ou 50. lieuës, & vne bonne lieuë & demye de large au plus, & vn quart au plus estroit ; qui fait qu'il y a grand courant d'eau. Toute la terre que i'ay veu, ce ne sont que mõtaignes de rochers la plus part couuertes de bois de sapins, cyprez, & boulles, terre fort mal plaisante, où ie n'ay point trouué vne lieuë

Terres montagnes de rochers mal plaisantes.

lieuë de terre plaine tant d'vn costé que d'autre. Il y a quelquelqes montaignes de sable & isles en ladite riuiere qui sont hautes esleuees. En fin ce sont de vrais deserts inhabitables d'animaux, & d'oyseaux; car ie vous asseure qu'allant chasser par les lieux qui me sembloient les plus plaisants, ie ne trouuay rien qui soit, sinõ de petits oyseaux qui sont comme rossignols, & airõdelles, lesquelles viennent en Esté; car autrement ie croy qu'il n'y en a point, à cause de l'excessif froid qu'il y fait, ceste riuiere venant de deuers le Norouest. Ils me feirẽt rapport, qu'ayãt passé le premier saut, d'où viẽt ce torrẽt d'eau, ils passent huict autres sauts, & puis vont vne iournee sans en trouuer aucun, puis passent autres dix sauts, & viennent dedãs vn lac, où ils sont deux iours à rapasser, en chasque iour ils peuuent faire à leur aise quelque douze à quinze lieuës; audit bout du lac, il y a des peuples qui sont cabannez, puis on entre dans trois autres riuieres quelques trois ou quatre iournees dãs chacune, où au bout desdites riuieres, il y a deux ou trois manieres de lacs, d'où prẽd la source du Saguenay, de laquelle source iusques audit port de Tadousac, il

Rapport que l'on m'a faict du commencement de la riuiere du Saguenay.

D

Des Sauuages, ou, Voyage

y a dix iournees de leurs Canos. Au bord desdites riuieres, il y a quantité de cabannes, où il vient d'autres nations du costé du Nort, troquer auec lesdits Montagnez des peaux de castor & martre, auec autres marchandises que donnent les vaisseaux François ausdicts Montaignez. Lesdicts Sauuages du Nort disent, qu'ils voyent vne mer qui est salee: Ie tiens que si cela est, que c'est quelque gouffre de ceste mer qui desgorge par la partie du Nort dans les terres, & de verité il ne peut estre autre chose. Voilà ce que i'ay apprins de la riuiere du Saguenay.

Partement de Tadousac pour aller au Sault, la description des isles du Lieure, du Coudre, d'Orleans, & de plusieurs autres isles, & de nostre arriuee à Quebec.

Chap. V.

LE Mercredy dixhuictiesme iour de Iuin, nous partismes de Tadousac, pour aller au Sault, nous passasmes pres d'vne isle qui s'appelle l'isle au Lieure, qui peut estre a deux lieuës de la terre de la bande du Nort, & à quelques sept lieuës

Isle au Lieure

dudit Tadouſac, & à cinq lieues de la terre du Su. De l'iſle au Lieure nous rengeaſmes la coſte du Nort, enuiron demie lieüe, iuſques à vne pointe qui aduance à la mer, où il faut prendre plus au large: Ladite pointe eſt à vne lieüe d'vne iſle qui s'appelle l'iſle au Coudre, qui peut tenir enuiron deux lieües de large, & de ladite iſle à la terre du Nort, il y a vne lieüe; ladite iſle eſt quelque peu vnie, venant en amoindriſſant par les deux bouts; au bout de l'Oüeſt il y a des prairies & pointes de rochers qui aduancent quelque peu dans la riuiere; ladite iſle eſt quelque peu aggreable pour les bois qui l'enuironnent, il y a force ardoiſe, & la terre quelque peu graueleuſe; au bout de laquelle il y a vn rocher qui aduance à la mer enuiron demie lieue, Nous paſſaſmes au Nort de ladite iſle, diſtante de l'iſle au Lieure de 12. lieues. Le Ieudy enſuiuant nous en partiſmes, & vinſmes mouiller l'ancre à vne anſe dangereuſe du coſté du Nort, où il y a quelques prairies, & vne petite riuiere, où les Sauuages cabannent quelque-fois. Cedit iour rengeant touſiours ladicte coſte du Nort, iuſques à vn lieu où nous relachaſmes pour les vents qui nous eſtoiēt

Iſle au Coudre.

Anſe dangereuſe.

Coſte dangereuſe.

D ij

contraires, où il y auoit force rochers & lieux fort dangereux, nous feufmes trois iours en attendant le beau temps : Toute ceste coste n'est que montaignes tant du costé du Su, que du costé du Nort, la plus part ressemblant à celle du Saguenay. Le Dimanche vingt-deuxiesme iour dudict mois nous en partisimes pour aller à l'isle d'Orleans, où il y a quátité d'isles à la bande du Su, lesquelles sont basses & couuertes d'arbres, semblans estre fort aggreables, contenans, (selon que i'ay peu iuger) les vnes deux lieues, & vne lieue, & autre demie: Autour de ces isles ce ne sont que rochers & basses, fort dangereux à passer, & sont esloignez quelques deux lieues de la grād' terre du Su: Et de là vinsmes renger à l'isle d'Orleans du costé du Su: Elle est à vne lieue de la terre du Nort, fort plaisante & vnie, contenāt de long huict lieues: Le costé de la terre du Su est terre basse, quelques deux lieues auant en terre; lesdites terres commencent à estre basses à l'endroit de ladite isle, qui prend estre à deux lieues de la terre du Su: à passer du costé du Nort, il y faict fort dangereux pour les bancs de sable, rochers qui sont entre ladicte isle & la grand' terre,

Isles belles & dangereuses.

Isle d'Orleās.

& asseche presque toute de basse mer, au bout de ladicte isle ie vis vn torrent d'eau qui desbordoit de dessus vne grande montaigne de ladicte riuiere de Canadas, & dessus ladite montaigne est terre vnie & plaisante à voir, bien que dedans lesdites terres l'on voit de hautes montaignes qui peuuent estre à quelques 20. ou 25. lieuës dans les terres, qui sont proches du premier sault du Saguenay : Nous vinsmes moüiller l'ancre a Quebec qui est vn destroit de ladicte riuiere de Canadas, qui a quelque 300. pas de large : il y a à ce destroit du costé du Nort vne montaigne assez haute qui va en abbaissant des deux costez, tout le reste est pays vny & beau, où il y a de bonnes terres pleines d'arbres, comme chesnes, cyprez, boulles, sapins, & trembles, & autres arbres fruictiers, sauuages, & vignes : qui fait qu'à mon opinion, si elles estoient cultiuees elles seroient bonnes comme les nostres. Il y a le long de la coste dudit Quebec des diamans dans des rochers d'ardoise, qui sont meilleurs que ceux d'Alançon. Dudict Quebec iusques à l'isle au Coudre, il y a 29. lieuës.

Torrēt d'eau.

Montaignes que l'on void estre loing.

Description de Quebec.

Des diamans que l'on trouue à Quebec.

D iij

Des Sauuages, ou, Voyage

De la pointe Saincte Croix, de la riuiere de Batiscan, des Riuieres, rochers, isles, terres, arbres, fruicts, vignes, & beaux pays, qui sont depuis Quebec iusques aux trois Riuieres.

Chap. VI.

Du païs qui est entre Quebec & Saincte Croix.

LE Lundy 23. dudict mois nous partismes de Quebec, où la riuiere commence à s'eslargir quelques-fois d'vne lieuë, puis de lieuë & demye ou deux lieuës au plus: Le pays va de plus en plus en embellissāt, ce sont toutes terres basses, sans rochers, que fort peu: Le costé du Nort est remply de rochers & bancs de sable, il faut prendre celuy du Su, comme d'vne demie lieuë de terre. Il y a quelques petites riuieres qui ne sont point nauigables, si ce n'est pour les Canos des Sauuages, ausquelles il y a quantité de saults.

Pointe de Saincte Croix.

Nous vinsmes mouiller l'ancre iusques à saincte Croix, distante de Quebec de 15. lieuës, c'est vne pointe basse qui va en haussant des deux costez: Le pays est beau & vny, & les terres meilleures qu'en lieu que i'eusse veu, auec quātité de bois; mais *du Sieur de Champlain.* 16

fort peu de sapins & cyprez: il s'y trouue
en quantité, des vignes, poires, noysettes,
serizes, groizelles, rouges & vertes, & de
certaines petites racines de la grosseur
d'vne petite nois, ressemblant au goust
comme treffes, qui sont tres-bonnes ro-
ties & bouillies: Toute ceste terre est noire, sans aucuns rochers, sinon qu'il y a
grande quantité d'ardoise: elle est fort
tendre, & si elle estoit bien cultiuee elle
seroit de bon rapport: Du costé du Nort
il y a vne riuiere qui s'appelle Batiscan, *Riuiere qui s'appelle Ba-tiscan.*
qui va fort auāt en terre, par où quelques-
fois les Algoumequins viennent: & vne
autre du mesme costé à trois lieües dudit
saincte Croix sur le chemin de Quebec,
qui est celle où fut Iacques Quartier au
cōmencement de la descouuerture qu'il
en fit, & ne passa point plus outre: Ladite
riuiere est plaisante, & va assez auant dans
les terres. Tout ce costé du Nort est fort
vny & agreable.

Le Mercredy 24. iour dudit mois nous
partismes dudict saincte Croix, où nous
retardasmes vne maree & demye, pour le
lendemain pouuoir passer de iour, à cause de la grande quantité de rochers qui
sont au trauers de ladicte riuiere, (chose *Rochers dā-gereux.*

estrange à voir) qui asseche presque toute de basse mer : Mais à demy flot, l'on peut commencer à passer librement, toutesfois il faut y prendre bien garde auec la sonde à la main : La mer y croist pres de 3. brasses & demie : plus nous allions en auant & plus le pays est beau : nous fusmes à quelques 5. lieüe & demye mouiller l'ancre à la bande du Nort. Le Mercredy ensuyuant nous partismes de cedict lieu, qui est pays plus plat que celuy de deuant, plein de grande quantité d'arbres comme à saincte Croix : Nous passames pres d'vne petite isle, qui estoit remplie de vignes, & vinsmes mouiller l'ancre, à la bande du Su, pres d'vn petit costau: mais estāt dessus, ce sont terres vnies : il y a vne autre petite isle à 3. lieües de saincte Croix, proche de la terre du Su. Nous partismes le Ieudy ensuyuant dudict costau, & passasmes pres d'vne petite isle, qui est proche de la bande du Nort, où ie fus, à quelques six petites riuieres, dont il y en a deux qui peuuēt porter bateaux assez auant, & vne autre qui a quelque 300. pas de large. A son entree il y a quelques isles, elle va fort auant dans terre, est la plus creuse de toutes les autres, lesquelles sont

Beau pays.

Isle remplie de vignes.

Autre petite isle.

De deux riuieres auec d'autres petites.

sont fort plaisantes à voir, les terres estāt pleines d'arbres qui ressemblent à des noyers, & en ont la mesme odeur, mais ie n'y ay point veu de fruict, ce qui me met en doubte; Les Sauuages m'ont dict, qu'il porte son fruict comme les nostres. Passant plus outre, nous rencontrasmes vne isle, qui s'appelle sainct Eloy, & vne autre petit isle, laquelle est tout proche de la terre du Nort, nous passasmes entre ladite isle & ladite terre du Nort, où il y a de l'vn à l'autre quelque cent cinquante pas, De ladite isle iusques à la bāde du Su vne lieuë & demie passasmes proche d'vne riuiere, où peuuent aller les Canos. Toute ceste coste du Nort est assez bonne, l'on y peut aller librement, neantmoins la sonde à la main, pour euiter certaines pointes. Toute ceste coste que nous rengeasmes est sable mouuāt, mais entrant quelque peu dans les bois, la terre est bonne: Le Vendredy ensuiuant nous partismes de ceste isle, costoyant tousiours la bande du Nort tout proche terre, qui est basse, & pleine de tous bons arbres & en quantité iusques aux trois Riuieres, où il commēce d'y auoir temperature de tēps, quelque peu dissemblable à celuy de sain-

Arbres semblants à noyers.

Isle sainct Eloy.

D'vne autre petite riuiere.

Coste sablonneuse.

cte Croix, d'autant que les arbres y sont plus aduancez qu'en aucun lieu que i'eusse encores veu. Des trois riuieres iusques à saincte Croix il y a quinze lieuës. En ceste riuiere il y a six isles, trois desquelles sont fort petites, & les autres de quelque cinq à six cens pas de long, fort plaisantes & fertilles, pour le peu qu'elles contiennent. Il y en a vne au milieu de ladite riuiere qui regarde le passage de celle de Canadas, & commande aux autres esloignees de la terre, tant d'vn costé que d'autre de quatre à cinq cens pas: Elle est esleuee du costé du Su, & va quelque peu en baissant du costé du Nort: Ce seroit à mō iugement vn lieu propre pour habiter, & pourroit-on le fortifier prōptement, car sa situatiō est forte de soy, & proche d'vn grand lac qui n'en est qu'à quelque quatre lieuës, lequel presque ioinct la riuiere du Saguenay, selon le rapport des Sauuages qui vont pres de cent lieuës au Nort, & passent nombre de saults, puis vont par terre quelque cinq ou six lieues, & entrent dedans vn lac, d'où ledit Saguenay prend la meilleure part de sa source, & lesdits Sauuages viennent dudit lac à Tadousac. Aussi que l'habitation des trois

Des trois Riuieres.

D'vne isle qui est propre à habiter.

Riuieres feroit vn bien pour la liberté de *Le bien que*
quelques natiõs qui n'ofent venir par là, *pourroit ap-*
à caufe defdits Irocois, leurs ennemis, qui *porter l'habi-*
tiennent toute ladite riuiere de Canadas *tuation des trois Riuieres.*
bordee: mais eftant habité, on pourroit
rendre lefdits Irocois & autres Sauuages
amis, où à tout le moins fous la faueur de
ladite habituation, lefdits Sauuages vien-
droient librement fans crainte & dãger:
d'autant que ledit lieu des trois riuieres eft
vn paffage. Toute la terre que ie veis à la
terre du Nort eft fablonneufe. Nous entrafmes enuiron vne lieue dans ladite riuiere, & ne peufmes paffer plus outre, à
caufe du grand courant d'eau: Auec vn *Grãd cours*
efquif nous feufmes pour voir plus auãt, *d'eau.*
mais nous ne feifmes pas plus d'vne lieuë,
que nous rencontrafmes vn fault d'eau *D'vn petit*
fort eftroit, comme de douze pas, ce qui *fault d'eau.*
fut occafion que nous ne peufmes paffer
plus outre. Toute la terre que ie veis aux *Terre allant*
bords de ladite riuiere va en hauffant de *en hauffant.*
plus en plus, qui eft remplie de quantitez
de fapins & cyprez, & fort peu d'autres
arbres.

E ij

Des Sauuages, ou, Voyage

Longueur, largeur, & profondeur d'vn lac, & des riuieres qui entrent dedans, des isles qui y sont, quelles terres l'on void dans le païs, de la riuiere des Irocois, & de la forteresse des Sauuages qui leur font la guerre.

Chap. VII.

LE Samedy ensuyuant nous partismes des trois Riuieres & vinsmes mouiller l'ancre à vn lac où il y a quatre lieuës, tout *Terresbasses.* ce pays depuis les trois riuieres iusques à l'entree dudict lac, est terre à fleur d'eau, & du costé du Su quelque peu plus haute: Ladicte terre est tres-bonne & la plus plaisante que nous eussions encores veuë, les bois y sont assez clairs, qui fait que l'on y pourroit trauerser aisement. Le lende- *D'vn lac.* main 29. de Iuin nous entrasmes dans le lac, qui a quelque 15. lieuës de lõg, & quelque 7. ou 8. lieuës de large; à son entree du costé du Su enuiron vne lieuë il y a vne riuiere qui est assez grande, & va dans les terres quelques 60. ou 80. lieuës, & continuãt du mesme costé il y a vne autre petite riuiere qui entre enuiron deux lieuës en terre, & sort de dedans vn autre petit lac qui peut contenir quelque trois ou quatre lieües. Du costé du Nort, où la terre y paroist fort haute, on void iusques à quelques vingt lieües, mais peu à peu les montaignes viennent en diminuant vers l'Oüest comme pays plat : les Sauuages disent que la plus part de ces montagnes sont mauuaises terres : Ledict lac a quelque trois brasses d'eau par où nous passames, qui fut presque au milieu, la longueur gist d'Est & Oüest, & de la largeur du Nort au Su ; Ie croy qu'il ne laisseroit d'y auoir de bons poissons, comme les especes que nous auons pardeçà. Nous le trauersasmes ce mesme iour & vinsmes mouiller l'ancre enuiron deux lieües dãs la riuiere qui va au hault à l'entree de laquelle il y a trente petites isles ; selon ce que i'ay peu voir, les vnes sont de deux lieües, d'autres de lieüe & demye & quelques vnes moindres, lesquelles sont remplies de quantité de Noyers, qui ne sont gueres differẽs des nostres, & crois que les noix en sont bõnes à leur saisõ ; i'ẽ veis en quantité sous les arbres, qui estoient de deux façons, les vnes petites, & les autres longues, comme d'vn pousse, mais elles estoient pourries : Il y a aussi quantité de

Terres qui paroissent fort hautes.

Isles à la sortie du lac.

vignes sur le bord desdictes isles ; mais quand les eaües sont grandes, la plus part d'icelles sont couuertes d'eau : & ce pays est encores meilleur qu'aucun autre que j'eusse veu : Le dernier de Iuin nous en partismes, & vinsmes passer à l'entree de la riuiere des Irocois, où estoient cabānez & fortifiez les Sauuages qui leur alloient faire la guerre : Leur forteresse est faicte de quantité de bastons fort pressez les vns contre les autres, laquelle vient ioindre d'vn costé sur le bord de la grand riuiere, & l'autre sur le bord de la riuiere des Irocois, & leurs Canos arrangez les vns cōtre les autres sur le bord pour pouuoir promptement fuir, si d'auenture ils sont surprins des Irocois : car leur forteresse est couuerte d'escorce de chesnes, & ne leur sert que pour auoir le temps de s'embarquer. Nous fusmes dans la riuiere des Irocois quelques cinq ou six lieues, & ne peusmes passer plus outre auec nostre barque, à cause du grand cours d'eau qui dessent, & aussi que l'on ne peut aller par terre & tirer la barque pour la quantité d'arbres qui sont sur le bord : Voyans ne pouuoir aduancer d'auātage, nous prinsmes nostre esquif, pour voir si le courant

Bonnes terres.

Sauuages Cabannez, fortifiez à l'entree de la riuiere des Irocois.

Riuiere des Irocois.

estoit plus adoucy, mais allant à quelques deux lieues il estoit encores plus fort, & ne peusmes auancer plus auant: Ne pouant faire autre chose nous nous en retournasmes en nostre barque: Toute ceste riuiere est large de quelque trois à quatre cens pas, fort saine, nous y vinsmes cinq isles, distantes les vnes des autres d'vn quart ou de demye lieue, ou d'vne lieue au plus: vne desquelles contient vne lieue, qui est la plus proche; & les autres sont fort petites: Toutes ces terres sont couuertes d'arbres, & terres basses, comme celles que i'auois veu auparauāt, mais il y a plus de sapins & cyprez qu'aux autres lieux: La terre ne laisse d'y estre bōne, bien qu'elle soit quelque peu sablōneuse. Ceste riuiere va cōme au Sorouest. Les Sauuages disent, qu'à quelque quinze lieues d'où nous auiōs esté, il y a vn sault, qui viēt de fort hault, où ils portent leurs canos pour le passer enuiron vn quart de lieue, & entrēt dedās vn lac, où à l'entree il y a trois isles; & estāt dedans, ils en rēconrrent encores quelques-vnes, il peut contenir quelque quarāte ou cinquāte lieues de long, & de large quelque vingt cinq lieues, dans lequel descendent quantité

Isles.

Terres basses.

Rapport des Sauuages de la riuiere des Irocois.

Des Sauuages, ou, Voyage
de riuieres, iusques au nombre de dix, lesquelles portent canos assez auant: Puis venãt à la fin dudit lac, il y a vn autre sault, & rentrent dedans vn autre lac, qui est de la grandeur dudit premier, au bout duquel sont cabannez les Irocois. Ils disent aussi qu'il y a vne riuiere qui va rendre à la coste de la Floride, d'où il y peut auoir dudit dernier lac, quelque cent ou cent quarante lieues: tout le païs des Irocois est quelque peu montagneux, neantmoins païs tresbon, temperé, sans beaucoup d'hyuer, que fort peu.

Quel est le païs des Irocois.

Arriuee au sault, sa description, & ce qui s'y void de remarquable, auec le rapport des Sauuages de la fin de la grande riuiere.

Chap. VII.

PArtant de la riuiere des Irocois, Nous fusmes mouiller l'ancre à trois lieues de là, à la bande du Nort, tout ce pays, est vne terre basse, remplie de toutes les sortes d'arbres que i'ay dit cy dessus. Le premier iour de Iuillet nous costoyasmes la bande du Nort où le bois y est fort clair, plus qu'en aucun lieu que nous eussions encores

Terres basses.

encores veu auparauant, & toute bonne terre pour cultiuer: Ie me meis dans vn canot à la bande du Su, où ie veis quantité d'isles, lesquelles sont fort fertiles en fruicts, comme vignes, noix, noizettes, & vne maniere de fruict qui semble à des chastaignes, serises, chesnes, trembles, pible, houblon, fresne, erable, hestre, cyprez, fort peu de pins & sapins, il y a aussi d'autres arbres que ie ne cognois point, lesquels sont fort aggreables, il s'y trouue quantité de fraises, frāboises, groizelles, rouges, vertes & bleues, auec force petits fruicts qui y croissent parmy grāde quātité d'herbages: Il y a aussi plusieurs bestes sauuages, comme orignas, cerfs, biches, dains, ours, porc-epics, lapins, regnards, castors, loutres, rats, musquets, & quelques autres sortes d'animaux que ie ne cognois point, lesquels sont bons à manger, & dequoy viuent les Sauuages. Nous passasmes contre vne isle qui est fort aggreable, & contient quelque quatre lieues de long, & enuiron demie de large. Ie veis à la bande du Su deux hautes montaignes, qui paroissoient comme à quelque vingts lieues dans les terres: les Sauuages me dirent, que c'estoit le pre-

Isles en quantité fertiles.

Des bestes Sauuages.

Isle aggreable.

Montaignes qui paroissēt dans les terres.

F

Des Sauuages, ou, Voyage

mier sault de ladite riuiere des Irocois. Le Mecredy ensuiuant nous partismes de ce lieu, & feismes quelques cinq ou six lieues. Nous veismes quantité d'isles, la terre y est fort basse, & sont couuertes de bois, ainsi que celles de la riuiere des Irocois: le iour ensuiuãt nous feismes quelques lieues, & passasmes aussi par quantité d'autres isles qui sont tres-bonnes & plaisantes, pour la quantité des prairies qu'il y a, tant du costé de terre ferme, que des autres isles: & tous les bois y sont fort petits, au regard de ceux que nous auions passé. En fin nous arriuasmes cedit iour à l'entree du sault, auec vent en poupe, & rencontrasmes vne isle qui est presque au milieu de ladite entree, laquelle contiẽt vn quart de lieue de long, & passasmes à la bande du Su de ladite isle, où il n'y auoit que de 3. à quatre ou cinq pieds d'eau, & aucunes-fois vne brase ou deux, & puis tout à vn coup n'en trouuiõs que trois ou quatre pieds: Il y a force rochers, & petites isles, où il n'y a point de bois, & sont à fleur d'eau. Du commẽcement de la susdite isle, qui est au milieu de ladite entree, l'eau commence à venir de grande force: bien que nous eussions le vent fort bon, si

Isles en quãtité.

Bois fort petit.

Entree du sault.

Isles.

Grand courans d'eau.

ne peufmes nous en toute noftre puiſſace beaucoup auācer, toutesfois nous paſſaſmes ladite iſle qui eſt à l'entree dudit ſault. Voyant que nous ne pouuions auancer, nous vinſmes mouiller l'ancre à la bande du Nort, contre vne petite iſle qui eſt fer- *Iſle où nous* tile en la plus part des fruicts que i'ay dit *mouillaſmes* cy deſſus; Nous appareillaſmes auſſi toſt *l'ancre.* noſtre eſquif, que l'on auoit fait faire expres pour paſſer ledit ſault : dans lequel nous entraſmes ledit ſieur du Pōt & moy, auec quelques autres Sauuages que nous auions menez pour nous mōſtrer le chemin : partant de noſtre barque, nous ne feuſmes pas à trois cēts pas, qu'il nous fallut deſcendre, & quelques matelots ſe *Paſſage mau-* mettre à l'eau pour paſſer noſtre eſquif: le *uais.* canot des Sauuages paſſoit aiſément: nous rencontraſmes vne infinité de petits ro- *Rochers.* chers qui eſtoient à fleur d'eau; où nous touchions ſouuentesfois. Il y a deux grandes iſles, vne du coſté du Nort, laquelle *Deux grādes* contient quelque quinze lieues de long, *iſles.* & preſque autant de large, commence à quelques douze lieues dans la riuiere de Canada, allant vers la riuiere des Irocois, & viēt tomber par delà le ſault. L'iſle qui eſt à la bāde du Su, a quelque quatre lieues

F ij

Des Sauuages, ou, Voyage
de long, & demie de large: Il y a encores
vne autre isle qui est proche de celle du
Nort, laquelle peut tenir quelque demie
lieue de long, & vn quart de large: & vne
autre petite isle qui est entre celle du Nort
laquelle peut tenir quelq̃ demie lieue de
long, & vn quart de large, & vne autre petite isle qui est entre celle du Nort, & l'autre plus proche du Su, par où nous passasmes l'entree du sault: estãt passee, il y a vne

Maniere de lac. maniere de lac, où sont toutes ces isles, lequel peut cõtenir quelque cinq lieues de
long, & presque autant de large, où il y a
quãtité de petites isles qui sont rochers: il
y a proche dudit sault vne montagne qui

Montagne proche du sault. descouure assez loing dans lesdites terres,
& vne petite riuiere qui vient de ladicte
montaigne tomber dans le lac. L'on void
du costé du Su quelques trois ou quatre
mõtaignes qui paroissent comme à quelque quinze ou seize lieues dans les terres.

Riuiere dedãs le lac qui vã aux Irocois. Il y a aussi deux riuieres, l'vne qui va au
premier lac de la riuiere des Irocois, par
où quelques-fois les Algoumequins leur
vont faire la guerre, & l'autre qui est proche du sault qui va quelque peu dans les

Arriuee au sault auec l'esquif. terres. Venans à approcher dudit sault a-
uec nostre petit esquif, & le canot, ie vous

asseure que iamais ie ne veis vn torrent d'eau desborder auec vne telle impetuosité comme il faict, bien qu'il ne soit pas beaucoup haut, n'estant en d'aucuns lieux que d'vne brasse ou de deux & au plus de trois: il dessend comme de degré en degré, & en chasque lieu où il y a quelque peu de hauteur, il s'y faict vn esbouillonnement estrange de la force & roideur que va l'eau en trauersant ledit sault qui peut contenir vne lieue: il y a force rochers de large, & enuiron le milieu, il y a des isles qui sont fort estroites & fort longues, où il y a sault tant du costé desdictes isles qui sont au Su, cōme du costé du Nort, où il fait si dāgereux, qu'il est hors de la puissance d'homme d'y passer vn bateau, pour petit qu'il soit. Nous fusmes par terre dans les bois pour en veoir la fin, où il y a vne lieue, & où l'ō ne voit plus de rochers ny de saults, mais l'eau y va si viste qu'il est impossible de plus; & ce courant contient quelque trois ou quatres lieues: de façon que c'est en vain de s'imaginer que l'on peust faire passer aucuns bateaux par lesdicts saults, Mais qui les voudroit passer, il se faudroit accommoder des Canos des Sauuages,

Torrēt d'eau au sault.

Hauteur du sault.

Rochers dans le sault.

Isles.

Impossible de passer le sault par basteau.

Trauersé que nous fismes par terre pour veoir la fin du sault.

Cours d'eau au dessus du sault.

Moyen de passer le sault.

F iij

Des Sauuages, ou, Voyage
qu'vn homme peut porter aisement:
car de porter bateaux, c'est chose laquelle ne se peut faire en si bref temps
comme il le faudroit pour pouuoir s'en
retourner en Frāce, si l'on n'y hyuernoit:
Et outre ce sault premier, il y en a dix autres, la plus part difficiles à passer: de façon que cé seroit de grādes peines & trauaux pour pouuoir voir, & faire ce que
l'on pourroit se promettre par basteau, si
ce n'estoit à grands frais & despens, & encores en dāger de trauailler en vain: mais
auec les canots des Sauuages l'on peut aller librement & promptement en toutes
les terres, tant aux petites Riuieres comme aux grandes: Si bien qu'en se gouuernant par le moyen desdits Sauuages & de
leurs canots, l'on pourra voir tout ce qui
se peut, bon & mauuais, dans vn an ou
deux. Tout ce peu de pays du costé dudict
sault que nous trauersames par terre, est
bois fort clair, ou l'on peut aller aisemēt,
auecques armes, sans beaucoup de peine;
l'air y est plus doux & temperé, & de
meilleure terre qu'en lieu que i'eusse veu,
ou il y a quantité de bois & fruicts, comme en tout les autres lieux cy dessus, &
est par les 45. degrez & quelques minu-

Bonnes terres & bois fort clair.

Ledit sault est par les 45. degrez, et quelques minutes

tes. Voyans que nous ne pouuions faire d'auantage, nous en retournasmes en nostre barque, où nous interrogeasmes les Sauuages que nous auions, de la fin de la riuiere, que ie leur fis figurer de leur main, & de quelle partie procedoit sa source. Ils nous dirent que passé le premier sault que nous auions veu, ils faisoient quelques dix ou quinze lieues auec leur canots dedans la riuiere, où il y a vne riuiere qui va en la demeure des Algoumequins, qui sont à quelque soixante lieues esloignez de la grande riuiere, & puis ils venoient à passer cinq saults, lesquels peuuent contenir du premier au dernier huict lieues, desquels il y en a deux où ils portent leur canots pour les passer: chasque sault peut tenir quelque demy quart de lieuë, où vn quart au plus: Et puis ils viennent dedans vn lac, qui peut tenir quelque quinze ou seize lieües de long. De là ils rentrent dedans vne riuiere, qui peut contenir vne lieue de large, & font quelques deux lieues dedans, & puis rentrent dans vn autre lac de quelque quatre ou cinq lieues de long, venant au bout duquel ils passent cinq autres saults, distant du premier au dernier quelque

Sauuages que nous interrogeasmes, où est la fin de la grande Riuiere.

vingt-cinq ou trente lieues, dont il y en a trois où ils portent leurs canots pour les passer; & les autres deux ils ne les font que trainer dedans l'eau, d'autant que le cours n'y est si fort ne mauuais côme aux autres: De tous ces saults aucun n'est si dificille à passer comme celuy que nous auons veu: Et puis ils viênent dedans vn lac qui peut tenir quelques 80. lieues de long, où il y a quantité d'isles, & que au bout d'iceluy l'eau y est salubre, & l'hyuer doux. A la fin dudict lac ils passent vn sault, qui est quelque peu esleué, où il y a peu d'eau laquelle desfend: là ils portent leurs canots par terre enuiron vn quart de lieüe pour passer ce sault: De là entrent dans vn autre lac qui peut tenir quelque soixante lieuës de long, & que l'eau en est fort salubre: estant à la fin ils viennent à vn destroit qui contient deux lieues de large & va assez auāt dans les terres: qu'ils n'auoient point passé plus outre, & n'auoient veu la fin d'vn lac qui est a quelque quinze ou seize lieues d'où ils ont esté, ny que ceux qui leur auoient dit eussent veu homme qui le l'eust veu, d'autant qu'il est si grand, qu'ils ne se hazarderont pas de se mettre au large, de peur que
quel-

quelque tourmente ou coup de vent ne les surprint : disent qu'en esté le Soleil se couche au Nort dudict lac, & en l'hiuer il se couche comme au millieu ; que l'eau y est tref-mauuaise, comme celle de ceste mer. Ie leur demandis, si depuis cedict lac dernier qu'ils auoient veu, si l'eau descendoit tousiours dans la Riuiere venant à Gaschepay, ils me dirent que non, que depuis le troisiesme lac, elle descendoit seulement venāt audit Gaschepay, mais que depuis le dernier sault, qui est quelque peu haut, comme i'ay dit, que l'eau estoit presque pacifique, & que ledict lac pouuoit prendre cours par autres riuieres, lesquelles vont dedans les terres, soit au Su, ou au Nort, dont il y en a quantité qui y reffluent, dont ils ne voyent point la fin. Or à mon iugement, il faudroit q̃ si tāt de riuieres desbordent dedans ce lac, n'ayāt que si peu de cours audit sault, qu'il faut par necessité, qu'il refflue dedans quelque grandissime riuiere : Mais ce qui me faict croire qu'il n'y a point de riuiere par où cedit lac refflue, veu le nombre de toutes les autres riuieres qui refflu̅et dedans, c'est que les Sauuages n'ont veu aucune riuiere qui print son cours par dedans les terres,

G

Des Sauuages, ou, Voyage

qu'au lieu où ils ont esté: Ce qui me faict croire que c'est la mer du Su, estant salee comme ils disent, toutesfois il n'y faut tant adiouster de foy, que ce ne soit auec raisons apparentes, bien qu'il y en aye quelque peu: Voilà au certain tout ce que i'ay veu cy dessus, & ouy dire aux Sauuages sur ce que nous les auons interrogez.

Retour du Sault à Tadousac, auec la confrontation du rapport de plusieurs Sauuages, touchant la longueur, & commencement de la grande Riuiere de Canadas: Du nombre des saults & lacs qu'elle trauerse.

CHAP. IX.

NOus partismes dudict Sault le Vendredy quatriesme iour de Iuin, & reuinsmes cedit iour à la riuiere des Irocois. Le Dimanche sixiesme iour de Iuin nous en partismes, & vinsmes mouiller l'ancre au lac. Le Lundy ensuiuant nous feusmes mouiller l'ancre aux trois Riuieres. Cedit iour nous feismes quelques quatre lieues par delà lesdictes trois Riuieres. Le Mardy ensuiuant nous vinsmes à Quebec, & le lendemain nous feufmes au bout de l'ifle d'Orleans, où les Sauuages vindrent à nous, qui eftoient cabannez à la grād' terre du Nort. Nous interrogeafmes deux ou trois Algoumequins, pour fçauoir s'ils fe conformeroient auec ceux que nous auions interrogez touchant la fin & le commencement de ladite riuiere de Canadas : Ils dirent, comme ils l'ont figuré, que paffé le fault que nous auions veu, enuiron deux ou trois lieues, il va vne riuiere en leur demeure, qui eft en la bande du Nort, continuant le chemin dans ladicte grand riuiere, ils paffent vn fault, où ils portent leurs canots, & viennent à paffer cinq autres faults, lefquels peuuent contenir du premier au dernier quelque neuf ou dix lieues, & que lefdits faults ne font point difficiles à paffer, & ne font que trainer leurs canots en la plus part defdits faults, horfmis à deux où ils les portent, de là viennent à entrer dedans vne riuiere, qui eft comme vne maniere de lac, laquelle peut contenir quelque fix ou fept lieues; & puis paffent cinq autres faults, où ils trainent leurs canots cōme aufdits premiers, horfmis à deux, ou ils les portent comme aux premiers; & que du pre-

Autre rapport des Sauuages Algoumequins.

mier au dernier il y a quelque vingt ou 25.
lieues : puis viennent dedans vn lac qui
contient quelque cent cinquante lieues
de long, & quelque quatre ou cinq lieues
à l'entree dudit lac, il y a vne riuiere qui va
aux Algoumequins vers le nort: Et vne autre qui va aux Irocois, par où lesdicts Algoumequins & Irocois se font la guerre:
Et vn peu plus haut à la bande du Su dudit lac, il y a vne autre riuiere qui va aux
Irocois : puis venant à la fin dudit lac, ils
rencontrent vn autre sault, où ils portent
leurs canots: de là ils entrent dedans vn
autre tres-grand lac qui peut contenir autant comme le premier : ils n'y ont esté
que fort peu dans ce dernier, & ont ouy
dire qu'à la fin dudit lac, il y a vne mer,
dõt ils n'ont veu la fin, ne ouy dire qu'aucun l'aye veue : Mais que là où ils ont esté
l'eau n'est point mauuaise, d'autant qu'ils
n'ont point aduancé plus haut : & que le
cours de l'eau vient du costé du Soleil
couchant venant à l'Orient, & ne sçauent
si passé ledit lac qu'ils ont veu, il y a autre
cours d'eau qui aille du costé de l'Occi-
dent: que le Soleil se couche à main droite dudit lac, qui est selon mon iugement
au Norouest, peu plus ou moins, & qu'au

premier lac l'eau ne gelle point, ce qui faict iuger que le temps y est temperé, & que toutes les terres des Algoumequins est terre basse, replie de fort peu de bois, & du costé des Irocois est terre montaigneuse, neantmoins elles sont tresbonnes & fertilles, & meilleures qu'en aucun endroict qu'ils ayent veu : lesdits Irocois se tiennent à quelque cinquante ou soixante lieues dudit grand lac. Voilà au certain ce qu'ils m'ont dit auoir veu, qui ne differe que bien peu au rapport des premiers. Cedict iour nous feusmes proche de l'isle aux Coudres, cõme enuiron trois lieues. Le Ieudy 10. dudit mois, nous vinsmes à quelque lieue & demie de l'isle au Lieure, du costé du Nort, où il vint d'autres Sauuages en nostre barque, entre lesquels il y auoit vn ieune hõme Algoumequin, qui auoit fort voyagé dedans ledit grand lac: nous l'interrogeasmes fort particulierement comme nous auions faict les autres Sauuages : il nous dit, Que passé ledict sault que nous auions veu, qu'à quelque deux ou trois lieuës, il y a vne riuiere qui va ausdicts Algoumequins, ou ils sont cabannez, & qu'allant en ladicte grand riuiere il y a cinq saults, qui peuuẽt

Rapport d'vn ieune homme Sauuage Algoumequin.

G iij

contenir du premier au dernier quelque huict ou neuf lieües, dont il y en a trois où ils portent leurs canots, & deux autres où ils les trainent: que chacun desdicts saults peut tenir vn quart de lieuë de lõg, puis viennent dedans vn lac qui peut cõtenir quelques quinze lieues. Puis ils passent cinq autres saults, qui peuuent contenir du premier au dernier quelques vingt a vingt cinq lieues, où il n'y a que 2. desdicts saults qu'ils passent auec leurs canots, aux autres trois ils ne les font que trainer. De là ils entrent dedans vn grandissime lac, qui peut contenir quelques trois cents lieues de long : Aduançant quelques cent lieues dedans ledict lac, ils rencontrent vne isle qui est fort grande, où au delà de ladicte isle, l'eau est salubre; mais que passant quelque cent lieues plus auant, l'eau est encore plus mauuaise arriuant à la fin dudict lac, l'eau est du tout salee : Qu'il y a vn sault qui peut contenir vne lieue de large, d'où il descend vn grandissime courant d'eau dans ledit lac. Que passé ce sault, on ne voit plʳ de terre, ny d'vn costé ne d'autre, sinon vne mer si grande, qu'ils n'en ont point veu la fin, ny ouy dire qu'aucun l'aye veue : Que le Soleil se couche à main droite dudict lac, & qu'a son entree il y a vne Riuiere qui va aux Algoumequins & l'autre aux Irocois, par où ils se font la guerre. Que la terre des Irocois est quelque peu montaigneuse, neantmoins fort fertille, où il y a quãtité de bled d'Inde, & autres fruicts qu'ils n'ont point en leur terre: Que la terre des Algoumequins est basse & fertille. Ie leur demandis s'ils n'auoient point congnoissance de quelques mines, ils nous dirent, Qu'il y a vne nation, qu'on appelle les bons Irocois, qui viennent pour troquer des marchandises, que les vaisseaux François dõnent aux Algoumequins, lesquels disent qu'il y a à la partie du Nort vne mine de franc cuiure, dont il nous en ont monstré quelques brasselets qu'ils auoiẽt eu desdicts bons Irocois: Que si l'on y voulloit aller, ils y meneroient ceux qui seroient depputez pour cest effect. Voylà tout ce que i'ay peu apprendre des vns & des autres, ne se differant que bien peu, *Peu de difference entre le rapport des Sauuages.* sinon que les seconds qui furent interrogez, dirent n'auoir point beu de l'eau salee, aussi ils n'ont pas esté si loing dans ledict lac comme les autres, & different quelque peu du chemin, les vns le faisant

Des Sauuages, ou, Voyage

plus court, & les autres plus long: De façon que selon leur rapport, du sault où nous auons esté, il y a iusques à la mer sallee, qui peut estre celle du Su, quelque 400. lieües: sans doute, selon leur rapport, ce ne doit estre autre chose que la mer du Su, le Soleil se couchant où ils disent. Le Vendredy dixiesme dudict mois nous fusmes de retour à Tadousac où estoit nostre vaisseau.

Retour à Tadousac.

Voyage de Tadousac en l'Isle percee, description de la baye des Moluës, de l'isle de bonne-aduenture, de la baye des Chaleurs, de plusieurs riuieres, lacs, & pays où se trouue plusieurs sortes de mines.

Chap. X.

Partement de Tadousac pour aller à Gachepay.

AVssi tost que nous fusmes arriuez à Tadousac, nous nous rembarquasmes pour aller à Gachepay, qui est distant dudict Tadousac enuiron cent lieües. Le treiziesme iour dudict mois, nous rencontrasmes vne troupe de Sauuages qui estoient cabannez du costé du Su, presque au millieu du chemin de Tadousac à Gachepay, leur Sagamo qui les menoit s'appelle

Rencontre de Sauuages.

pelle Armouchides, qui est tenu pour l'vn des plus aduisez & hardis qui soit entre les Sauuages : il s'en alloit à Tadousac pour troquer des flesches, & chairs d'Orignac, qu'ils ont pour des Castors & Martres des autres Sauuages Mõtaignez Estechemains & Algoumequins. Le 15. iour dudict mois nous arriuasmes à Gachepay, qui est dans vne baye, comme à vne lieüe & demye du costé du Nort : ladicte baye contient quelque sept ou huit lieües de lõg, & à son entree quatre lieües de large : il y a vne Riuiere qui va quelque trente lieües dans les terres, puis nous vismes vne autre baye que l'on appelle la baye des Molües, laquelle peut tenir quelques trois lieües de long, autant de large à son entree : De là l'on vient à l'isle percee, qui est comme vn rocher fort haut, esleué des deux costez, où il y a vn trou par où les chalouppes & bateaux peuuent passer de haute mer : & de basse mer, l'on peut aller de la grãd terre à ladite isle, qui n'en est qu'à quelque quatre ou cinq cens pas. Plus il y a vne autre isle cõme au Suest de l'isle percee, enuiron vne lieuë, qui s'appelle l'isle de Bonne aduenture, & peut tenir de long demie lieuë.

Nostre arriuee à Gachepay.

De la baye des Molües.

L'isle percee.

L'Isle de Bonne aduẽture.

H

Des Sauuages, ou, Voyage

Tous cesdits lieux de Gachepay, baye des Molües, & Isle percee, sont les lieux où il se faict la pesche du poisson sec & verd.

De la baye de Chaleurs. Passant l'isle percee, il y a vne baye qui s'appelle la baye de Chaleurs, qui va comme a l'Ouest Sorouest, quelques quatrevingts lieues dedans les terres, contenant de large en son entree quelques quinze lieues : Les Sauuages Canadiens disent, qu'à la grāde riuiere de Canadas, enuiron quelques soixante lieues, rengeant la coste du Su, il y a vne petite riuiere qui s'appelle Mantanne, laquelle va quelques dixhuict lieues dans les terres, & estans au bout d'icelle ils portent leurs canots enuiron vne lieue par terre, & se viennent rendre à ladite baye de Chaleurs, par où ils vont quelquesfois à l'isle percee : Aussi

De Tregate & Misamichy. ils vont de ladicte baye à Tregate & Misamichy. Continuant ladite coste, on renge quantité de riuieres, & vient on à vn

Riuiere où a esté le Sieur Preuert. lieu où il y a vne riuiere qui s'appelle Souricoua, où le Sieur Preuert a esté pour descouurir vne mine de cuiure. Ils vont auec leurs canots dans ceste riuiere deux ou trois iours, puis ils trauersent quelques deux ou trois lieues de terre, iusques à ladite mine, qui est sur le bord de la mer du costé du Su: A l'entree de ladite riuiere, on trouue vne isle enuiron vne lieue dans la mer, de ladite isle iusques à l'isle percee, il y a quelques soixante ou septante lieues, puis continuant ladite coste qui va deuers l'Est on rencontre vn destroit qui peut tenir deux lieues de large, & vingt cinq de long. Du costé de l'Est est vne isle qui s'appelle sainct Laurens, où est le cap Breton, & où vne nation de Sauuages appellez les Souricois hiuernent. Passant le destroit de l'isle de sainct Laurens, costoyant la coste d'Arcadie, on vient dedâs vne baye qui vient ioindre ladicte mine de cuiure. Allant plus outre, on trouue vne riuiere qui va quelques soixante ou quatre-vingts lieues dedans les terres, laquelle va proche du lac des Irocois, par où lesdicts Sauuages de la coste d'Arcadie leur vont faire la guerre: Ce seroit vn grand bien qui pourroit trouuer à la coste de la Floride quelque passage qui allast donner proche du susdict grād lac, où l'eau est sallee, tant pour la nauigation des vaisseaux, lesquels ne seroient subiects à tant de perils comme ils sont en Canadas, que pour l'accourcissement du chemin de plus de trois cens lieues. Et est tres-cer-

Destroit entre la grande terre & vne isle.

Souricois, & où ils hiuernent.
De la mine de cuiure.
Riuiere à la coste d'Arcadie, allant proche du lac des Irocois.

H ij

Des Sauuages, ou, Voyage

tain qu'il y a des riuieres en la coste de la Floride que l'on n'a point encores descouuertes, lesquelles võt dans les terres, où le pays y est tres-bon & fertille, & de fort bõs ports. Le pays & coste de la Floride peut auoir vn autre temperature de temps, plus fertille en quautité de fruicts, & autres choses que celuy que i'ay veu: mais il ne peut y auoir des terres plus vnies ny meilleures que celles que nous auons veuës. Les Sauuages disent qu'en ladite grand baye de Chaleurs il y a vne riuiere qui va quelques vingt lieues dans les terres, où au bout est vn lac qui peut contenir quelques vingt lieues, auquel il y a fort peu d'eau, qu'en Esté il asseiche, auquel ils trouuent dans la terre enuiron vn pied ou pied & demy vne maniere de metail qui ressemble à de l'argent que ie leur auois monstré, & qu'en vn autre lieu proche dudit lac il y a vne mine de cuiure. Voilà ce que i'ay appris desdicts Sauuages.

Rapport fait des Sauuages d'vne riuiere qui va dans les terres, ou au bout de laquelle il se trouue vne maniere de metail.

Retour de l'Isle percee à Tadousac, auec la description des ances, ports, riuieres, isles, rochers, ponts, bayes, & basses, qui sont le long de la coste du Nort.

CHAP. XI.

NOus partismes de l'isle percee le dix-neufiesme dudict mois pour retourner a Tadousac: Comme nous fusmes à quelque trois lieuës du Cap l'Euesque nous fusmes contrariez d'vne tourmente laquelle dura deux iours, qui nous fit relascher dedans vne grande anse en attendant le beau temps. Le lendemain nous en partismes & fusmes encores contrariez d'vne autre tourmente: Ne voullant relascher, & pensant gaigner chemin nous fusmes à la coste du Nort le 28. iour de Iuillet mouiller l'ancre à vne ance qui est fort mauuaise, à cause des bancs de Rochers qu'il y a, ceste ance est par les 51. degré & quelques minutes. Le lendemain nous vinsmes mouiller l'ancre proche d'vne riuiere qui s'appelle saincte Marguerite, où il y a de plaine mer quelque trois brasses d'eau, & brasse & demye de

Partement de l'isle percee.

Tourmente.

Autre tourmente.

Coste du Nort où nous relaschasmes.

De la riuiere Saincte Marguerite.

Des Sauuages, ou, Voyage

basse mer; elle va assez auant. A ce que i'ay veu dans terre du costé de l'Est, il y a vn sault d'eau qui entre dans ladicte Riuiere, & vient de quelque cinquante ou soixante brasses de haut, d'où procede la plus grand part de l'eau qui dessend dedans: A son entree il y a vn banc de sable, où il peut auoir de basse eau demy brasse:

Coste sablonneuse. Toute la coste du costé de l'Est est sable mouuant, où il y a vne poincte à quelque demye lieuë de ladicte Riuiere qui aduance vne demye lieuë en la mer : & du costé de l'Ouest, il y a vne petite isle, cedict lieu est par les 50. degrez. Toutes

Terres mauuaises. ces terres sont tres-mauuaises réplies de sapins: la terre y est quelque peu haute, mais non tant que celle du Su. A quelques trois lieuës de là nous passames pro-

Riuiere. che d'vne autre riuiere laquelle sembloit estre fort grande, barree neantmoins la pluspart de rochers: A quelque 8. lieuës

D'vne pointe qui auance à la mer. de là il y a vne poincte qui aduance vne lieue & demye à la mer, où il n'y a que brasse & demye d'eau : Passé ceste pointe

D'vne autre pointe. il s'en trouue vne autre à quelque 4. lieues

D'vne bonne ance où il peut quantité de vaisseaux. où il y a assez d'eau : Toute ceste coste est terre basse & sablonneuse. A quelque 4. lieues de là il y a vne ance où entre vne

Riuiere, il y peut aller beaucoup de vaisseaux du costé de l'Ouest, c'est vne pointe basse qui aduance enuiron d'vne lieue en la mer, il faut renger la terre de l'Est comme de trois cens pas pour pouuoir entrer dedans : Voylà le meilleur port qui est en toute la coste du Nort, mais il y fait fort dangereux y aller pour les basses, & bācs de sable qu'il y a en la pluspart de la coste pres de deux lieues à la mer. On trouue à quelque six lieues de là vne baye, où il y a *Baye.* vne isle de sable ; toute ladite baye est fort baturiere, si ce n'est du costé de l'Est, où il peut auoir quelque 4. brasse d'eau : dans le canal qui entre dans ladite baye a quelque 4. lieues de là, il y a vne belle ance ou *Ance.* entre vne Riuiere : Toute ceste coste est *Coste sablon-* basse & sablonneuse, il y dessend vn sault *neuse.* d'eau qui est grand. A quelque cinq lieues de là, il y a vne pointe qui aduance enuiron demye lieue en la mer ou il y a vne ance, & d'vne poincte à l'autre y a trois lieues ; mais ce n'est que battures ou il y a peu d'eau. A quelques deux lieues il y a vne plage où il y a vn bon port, & vne petite Riuiere, où il y a trois isles, & où des vaisseaux se pourroient mettre a l'a- *D'vne pointe* bry. A quelque trois lieues de là il y a *qui aduance à la mer.*

Des Sauuages,ou, Voyage

vne pointe de sable qui aduance enuiron vne lieue, où au bout il y a vn petit islet. Puis allant à Lesquemin vous rencontrez

De deux isles. 2. petites isles basses, & vn petit rocher à terre. Cesdictes isles sont enuiron à demie

Port de Lesquemain. lieue de Lesquemin, qui est vn fort mauuais port, entourné de rochers, & asseche de basse mer, & faut varier pour entrer dedans au derriere d'vne petite poincte de rocher, où il n'y peut qu'vn vaisseau:

Riuiere. Vn peu plus haut, il y a vne Riuiere qui va quelque peu dans les terres: c'est le lieu où les Basques font la pesche des ballaines. Pour dire verité le port ne vaut du tout rien. Nous vinsmes de là audict port

Arriuee à Tadousac. de Tadousac le troisiesme d'Aoust. Toutes cesdictes terres cy dessus sont basses à la coste, & dans les terres fort hautes. Ils ne sont si plaisantes ny fertilles que celles du Su, bien qu'elles soient plus basses. Voilà au certain tout ce que i'ay veu de cestedicte coste du Nort.

Les

Les ceremonies que font les Sauuages deuant que d'aller à la guerre: Des Sauuages Almouchicois, & de leur monstrueuse forme. Discours du sieur de Preuert de sainct Malo, sur la descouuerture de la coste d'Arcadie, quelles mines il y a, & de la bonté & fertilité du pays.

CHAP. XII.

ARriuant à Tadousac nous trouuasmes les Sauuages que nous auions rencontrez en la riuiere des Irocois, qui auoient faict rencontre au premier lac, de trois Canots Irocois, lesquels se battirēt contre dix autres de Montaignez, & apporterent les testes des Irocois à Tadousac, & n'y eust qu'vn Montaignez blessé au bras d'vn coup de fleche, lequel songeant quelque chose, il falloit que tous les 10. autres le meissent en executiō pour le rendre content, croyant aussi que sa playe s'en doit mieux porter. Si cedict Sauuage meurt, ses parens vengeront sa mort, soit sur leur nation, ou sur d'autres, ou bien il faut que les Capitaines facent des presens aux parens du deffunct, à fin qu'ils soient contens, ou autrement, comme i'ay dit, ils vseroient de vengeance, qui est vne grande meschanceté entre eux. Premier que lesdits Mōtaignez par-

Sauuages que nous trouuasmes reuenans de la guerre, lesquels nous auions rencōtré à la riuiere des Irocois.

Sauuages couppent la teste à leurs ennemis.

I

tissent pour aller à la guerre, ils s'assemblèrent tous, auec leurs plus riches habits de fourreures, castors, & autres peaux, parez de Patenostres & cordons de diuerses couleurs, & s'assemblerent dedans vne grand' place publicque, où il y auoit au deuāt d'eux vn Sagamo qui s'appelloit Begourat qui les menoit à la guerre, & estoient les vns derriere les autres, auec leurs arcs & flesches, massuës, & rondelles dequoy ils se parent pour se batre : & alloient sautant les vns apres les autres, en faisant plusieurs gestes de leurs corps ils faisoient maints tours de limaçon : apres ils commencerent à danser à la façon accoustumee, comme i'ay dit cy dessus, puis ils feirent leur Tabagie, & apres l'auoir faict, les femmes se despouillerent toutes nues, parees de leurs plus beaux Matachias, & se meirent dedans leurs canots ainsi nues en dansant, & puis elles se vindrent mettre à l'eau en se battant à coups de leurs auirons, se iettans quantité d'eau les vnes sur les autres : toutesfois elles ne se faisoient point de mal, car elles se paroient des coups qu'elles s'entre-ruoient: Apres auoir faict toutes ces ceremonies, elles se retirerent en leurs cabannes, & les Sauuages s'en allerent à la guerre contre les Irocois. Le seiziesme iour d'Aoust, nous partismes de Tadousac, & le 18. dudit mois arriuasmes à l'isle percee, où nous trouuasmes le sieur Preuert de sainct Malo, qui venoit de la mine où il auoit esté auec beaucoup de peine pour la crainte que les Sauuages auoient de faire rencontre de leurs ennemis qui sont les Armouchicois, lesquels sont hommes Sauuages du tout monstrueux pour la forme qu'ils ont: car leur teste est petite, & le corps court, les bras menus comme d'vn schelet, & les cuisses semblablement: les jambes grosses & longues, qui sont toutes d'vne venue, & quãd ils sont assis sur leurs talons, les genoux leur passent plus d'vn demy pied par dessus la teste, qui est chose estrange, & semblent estre hors de nature: Ils sont neantmoins fort dispos, & determinez: & sont aux meilleures terres de toute la coste d'Arcadie: Aussi les Souricois les craignent fort. Mais auec l'asseurãce que ledit Sieur de Preuert leur donna, il les mena iusques à ladite mine, où les Sauuages le guiderẽt: C'est vne fort haute montaigne aduãçant quelque peu sur la mer, qui est fort reluisante au Soleil, où il y a quantité de verd de gris qui procede de ladite mine de cuiure. Au pied de

Partement de Tadousac.

Sauuages Armouchicois.

Discours que m'a faict le Sieur Preuert de S. Malo sur la descouuerture de la coste d'Arcadie. Verd de gris en quantité.

I ij

Cuivre en quantité.

D'vne autre mine.

Peinture noire.

Vne isle où il y a d'vne maniere d'autre metail.

ladite montaigne, il dict, que de basse eau y auoit en quantité de morceaux de cuiure, comme il nous en a monstré, lequel tombe du haut de la montaigne. Passans trois ou quatre lieues plus outre tirant à la coste d'Arcadie, il y a vne autre mine, & vne petite riuiere qui va quelque peu dans les terres, tirant au Su, où il y a vne montaigne qui est d'vne peinture noire, dequoy se peignent les Sauuages : puis à quelque six lieues de la seconde mine, en tirant à la mer enuiron vne lieue proche de la coste d'Arcadie, il y a vne isle où se trouue vne maniere de metail qui est cõme brun obscur, le couppant il est blanc, dont ancienement ils vsoient pour leurs fleches, & cousteaux, qu'ils battoiët auec des pierres, ce qui me faict croire, que ce n'est estain, ny plomb, estant si dur cõme il est, & leur ayant monstré de l'argent, ils dirent que celuy de ladite isle est semblable, lequel ils trouuent dedans la terre, comme à vn pied ou deux. Ledict Sieur Preuert a donné aux Sauuages des coins & cizeaux, & autres choses necessaires pour tirer de ladicte mine, ce qu'ils ont promis de faire, & l'annee qui vient d'en apporter, & le donner audict sieur Preuert. Ils disent aussi qu'à quelques cent ou *du Sieur de Champlain.*

120. lieües, il y a d'autres mines, mais ils n'osent y aller, s'il n'y a des François parmy eux pour faire la guerre à leurs ennemis qui la tiennent en leur possession. Cedict lieu où est la mine qui est par les 44. degrez & quelque minutte proche de ladicte coste de l'Arcadie, comme de cinq ou six lieues, c'est vne maniere de baye, qui en son entree peut tenir quelques lieues de large, & quelque peu d'auantage de long, où il y a trois Riuieres qui viennent tomber en la grand Baye proche de l'isle de sainct Iean, qui a quelques trente ou trente cinq lieues de long, & à quelque six lieues de la terre du Su. Il y a aussi vne autre petite Riuiere qui va tomber comme à moitié chemin de celle par où reuint ledict sieur Preuert, où sont cõme deux manieres de lacs en ceste-dicte Riuiere. Plus y a aussi vne autre petite Riuiere qui va à la painture : toutes ces Riuieres tombent en ladicte Baye au Su est, enuiron de ladicte isle que lesdits Sauuages disent y auoir de ceste mine blanche. Au costé du Nort de ladicte baye sont les mines de cuiure, où il y a bon port pour des vaisseaux, & vne petite isle à l'entree du port, le fonds est vase & sable, où l'on peut eschoüer les vais-

Autres mines.

Description du lieu où est ladite mine.

Bon port pour les vaisseaux.

Des Sauuages, ou, Voyage

seaux. De ladicte mine iusques au commencement de l'entree desdictes Riuieres, il y a quelque 60. ou 80. lieues par terre: Mais du costé de la mer, selon mon iugement, depuis la sortie de l'isle de S. Laurens & terre ferme, il ne peut y auoir plus de 50. ou 60. lieues iusques à ladicte mine. Tout ce païs est tres-beau, & plat, où il y a de toutes les sortes d'arbres que nous auons veues allant au premier sault de la grande Riuiere de Canadas, fort peu de sapins & cyprez : voylà au certain ce que i'ay apprins & ouy dire audit sieur Preuert.

Bon païs.

D'vn monstre espouuantable que les Sauuages appellent Gougou, & de nostre bref & heureux retour en France.

CHAP. XIII.

IL y a encore vne chose estrange digne de reciter, que plusieurs Sauuages m'ōt asseuré estre vray; C'est que proche de la baye de Chaleurs tirant au Su, est vne isle, où fait residence vn monstre espouuantable, que les Sauuages appellent *Gougou*, & m'ont dit qu'il auoit la forme d'vne femme : mais fort effroyable, & d'vne telle grandeur, qu'ils me disoient que le bout des mats de nostre vaisseau ne luy fust pas venu iusques à la ceinture, tant ils le peignent grand; & que souuent il a deuoré &

Monstre espouuantable.

deuore, beaucoup de Sauuages, lesquels il met dedans vne grand poche quant il les peut attraper & puis les mange : & disoient ceux qui auoient esuité le peril de ceste malheureuse beste, que sa poche estoit si grande, qu'il y eust peu mettre nostre vaisseau : Ce monstre fait des bruits horribles dedans ceste isle, que les Sauuages appellent le Gougou : Et quand ils en parlent ce n'est que auec vne peur si estrange, qu'il ne se peut dire de plus, & m'ont asseuré plusieurs l'auoir veu : Mesme ledit sieur Preuert de sainct Malo en allant à la descouuerture des mines ainsi que nous auons dit au chapitre precedēt, m'a dit auoir passé si proche de la demeure de ceste effroyable beste, que luy & tous ceux de son vaisseau entendoient des sifflements estranges du bruit qu'elle faisoit : & que les Sauuages qu'il auoit auec luy, luy dirent, que c'estoit la mesme beste, & auoiēt vne telle peur, qu'ils se cachoient de toutes parts, craignant qu'elle fust venüe à eux pour les emporter : & qui me faict croire ce qu'ils disent : C'est que tous les Sauuages en general la craignent & en parlent si estrangement, que si ie mettois tout ce qu'ils en disent, l'on le tiendroit pour fables : mais ie tiens que ce soit la residēce de quelque Diable qui les tourmête de la façon. Voilà ce que i'ay apprins de ce Gougou. Premier que partir de Tadousac, pour nous en retourner en France, vn des Sagamo des Montagnez nōmé Bechourat, donna son fils au sieur du Pont pour l'emmener en Fráce, & luy fut fort recōmandé par le grand Sagamo Anadabijou, le priant de le bien traiter, & luy faire voir ce que les autres deux Sauuages que nous auiōs remenez auoiēt veu, Nous leur demandasmes vne femme des Irocois qu'ils vouloient manger laquelle ils nous dōnerent, & l'auons aussi amenée auec ledit Sauuage. Le sieur de Preuert a aussi amené quatre Sauuages: Vn hōme, qui est de la coste d'Arcadie, vne femme & deux enfans des Canadiens. Le 24. iour d'Aoust nous partismes de Gachepay, le vaisseau dudit sieur Preuert & le nostre, le 2. iour de Septembre nous faisions estat d'estre aussi auāt q̄ le Cap de rase. Le 5. iour dudit mois nous entrasmes sur le banc où ce fait la pesche du poisson. Le 16. dudict mois nous estions à la sonde, qui peut estre à quelque 50. lieues d'Ouessant. Le 20. dudit mois nous arriuasmes par la grace de Dieu auec contentement d'vn chacun & tousiours le vent fauorable au port du Haure de Grace.

FIN.

www.ingramcontent.com/pod-product-compliance
Lightning Source LLC
LaVergne TN
LVHW020955090426
835512LV00009B/1912